Cinq sportives de talent

… et bien d'autres talents
que l'on peut découvrir sur notre site au :
www.soulieresediteur.com

De la même auteure
Chez le même éditeur

Quatre filles de génie, 2013
Finaliste au Prix littéraire Hackmatack – Le choix des jeunes 2015, sélection documentaire.

Finaliste au Prix Tamarac de l'Association des bibliothèques de l'Ontario, 2014.

Finaliste au Prix littéraire, catégorie jeunesse du Salon du livre du Saguenay-Lac-Saint-Jean, 2014.

Cinq sportives de talent

**Présentées par
Emmanuelle Bergeron
et illustrées par
Caroline Merola**

case postale 36563 — 598, rue Victoria
Saint-Lambert (Québec) J4P 3S8

Soulières éditeur remercie le Conseil des Arts du Canada et la SODEC de l'aide accordée à son programme de publication et reconnaît l'aide financière du gouvernement du Canada par l'entremise du Fonds du livre du Canada (FLC) pour ses activités d'édition. Soulières éditeur bénéficie également du Programme de crédit d'impôt pour l'édition de livres – Gestion Sodec – du gouvernement du Québec.

Dépôt légal: 2015

Catalogage avant publication de Bibliothèque et Archives nationales du Québec et Bibliothèque et Archives Canada

Berreron, Emmanuelle
Cinq sportives de talent
(Collection Ma petite vache a mal aux pattes ; 134)
Pour enfants de 8 ans et plus.

ISBN 978-2-89607-334-4

1. Sportives - Ouvrages pour la jeunesse. I. Merola, Caroline. II. Titre. III. Collection : Collection Ma petite vache a mal aux pattes ; 134.

GV697.A1B47 2015   j796.092'2   C2015-940302-2

Conception graphique de la couverture : Annie Pencrec'h

Illustrations : Caroline Merola

Logo de la collection : Caroline Merola

Copyright © Emmanuelle Bergeron, Caroline Merola et Soulières éditeur

ISBN 978-2-89607-334-4
Tous droits réservés

Aux Sirois, cousins éloignés de Marie-Louise,
pour qu'ils mettent en valeur
leur grande force intérieure…

MARIE-LOUISE SIROIS
(1867-1920)

La femme la plus forte du monde

— Quelle belle grande fille elle va faire, notre Marie-Louise, s'attendrit son père.

En ce beau jour de septembre 1867, toute la parenté est venue voir le nouveau-né d'Arthémise et de Prudent Sirois. Un bon gros bébé !

— Va-t-elle devenir une femme forte comme son père et son grand-père ? s'interrogent les hommes de la paroisse de Saint-Anne-de-la-Pocatière.

Depuis qu'elle est toute jeune, Marie-Louise est grande et costaude. Dans la cour d'école, même les garçons n'osent pas trop l'agacer, car ils savent qu'elle lance le ballon bien plus fort qu'eux !

— Ce n'est pas parce qu'on est une fille qu'on doit absolument être frêle et délicate. La force physique, ce n'est pas seulement pour les gars ! dit-elle à ses deux jeunes frères qui se prennent parfois pour des héros. Elle se sent souvent différente des autres filles de son village. Celles-ci essaient de ne pas trop s'essouffler ni de trop forcer, car elles croient qu'avoir un ventre plat et des bras minces feront d'elles des filles plus intéressantes pour les garçons.

Cinq sportives de talent

Dans le bas du fleuve, à la fin des années 1800, la vie n'est pas facile. Les pères de famille manquent de travail, surtout pendant l'hiver. On parle de partir ailleurs.

Un bon matin de 1882, Prudent annonce justement à sa famille :

— Les enfants, nous déménageons aux États !

À cette époque, de nombreuses familles émigrent vers les États-Unis pour travailler dans les usines de textile de la Nouvelle-Angleterre. On leur promettait de bons salaires et des maisons pour se loger. Dès la semaine suivante, la famille au grand complet monte dans le train. La route est longue jusqu'à Nashua, dans l'État du New Hampshire. Marie-Louise a 15 ans.

La famille aussitôt installée dans sa nouvelle ville, Marie-Louise commence à travailler à l'usine. La vie n'est pas aussi rose que son père le lui avait promis. Du matin jusqu'au soir, elle repasse des cols qui seront cousus sur des chemises. Elles sont près de deux cents femmes, alignées les unes derrière les autres dans une immense salle,

Cinq sportives de talent

attablées à leur moulin à coudre ou à leur fer à repasser.

Heureusement, Marie-Louise s'échappe parfois de la maison, après le travail, pour aller rejoindre un beau jeune homme qu'elle vient de rencontrer. Canadien-français comme elle, Henri Cloutier est un grand sportif. Il fait de l'acrobatie, de la course et, dans ses temps libres, il s'entraîne à lever des poids. Il a une force prodigieuse. Cela plaît beaucoup à Marie-Louise.

Cinq sportives de talent

Alors qu'elle a 17 ans, Henri la demande en mariage. Elle accepte et quitte la maison familiale. Les nouveaux mariés s'installent dans une ville voisine, à Salem, dans l'État du Massachusetts. Henri est plombier. Mais sa passion, c'est le sport. Avec des copains, il installe une salle d'entraînement dans un vieil entrepôt abandonné. De nombreux hommes des environs y viennent pour lever des poids pour se défouler un peu après une journée de dur labeur.

Marie-Louise, devenue madame Cloutier, passe souvent ses soirées et ses jours de congé au gymnase pour donner un coup de main à son mari. Un samedi matin, elle fait du rangement dans l'entrepôt. Elle soulève un énorme baril et le dépose sur le comptoir derrière elle. Un homme qui la regardait s'étonne :

— Eh, Marie-Louise, ça pèse plus de 240 livres (110 kg) ce baril ! Comment as-tu soulevé ça aussi facilement ?

Les hommes qui s'approchent croient à un coup de chance. Marie-Louise soulève à nouveau le baril et le remet en place, souriante. Elle s'exécute trois fois de suite devant le regard ahuri des clients du gymnase.

Marie-Louise est habituée à côtoyer des hommes qui se croient forts. Elle ne se laisse pas facilement impressionner. Un soir, un groupe d'amateurs s'esquinte à lever d'une main un plateau contenant 400 livres (180 kg) d'haltères. Elle entend les hommes se défier l'un l'autre.

— Allez, Octave, c'est toi le plus costaud de nous tous, essaye-toi !

Mais aucun des hommes forts du gymnase n'est capable de soulever la charge.

Marie-Louise s'approche d'eux et les taquine.

— Vous n'êtes qu'une bande de flancs mous, les gars ! De beaux parleurs, mais pas un seul de vous n'a assez de muscles pour lever cette charge !

Piqué au vif, Octave la met au défi.

— Vas-y donc, toi, la Marie-Louise, si tu es si forte ! Essaye-toi ! Tu vas peut-être battre Louis Cyr ?

Depuis quelque temps, on commençait à entendre parler de cet homme fort à Lowell, la ville voisine. Ses exploits avaient fait le tour de la région.

Cinq sportives de talent

Louis Cyr

Deuxième d'une famille de 17 enfants, Cyprien-Noé Cyr se fait remarquer dès son jeune âge pour sa force exceptionnelle. Sa mère avait décidé qu'il devait se laisser pousser les cheveux comme ceux de Samson, un personnage de la bible doté d'une grande force. Elle frisait elle-même ses cheveux régulièrement. Sa famille émigre à Lowell, aux États-Unis. Il change son prénom pour Louis, plus facile à prononcer. Il fait son premier tour de force à 18 ans en réussissant à soulever un cheval de terre.

De retour au Québec, Louis Cyr entreprend des tournées à travers plusieurs villes et villages. Puis il parcourt les États-Unis et l'Europe et fait vibrer les foules avec ses tours de force. En 1886, il devient l'homme le plus fort du Canada. Il pouvait lever d'une seule main, jusqu'aux épaules, un plein baril de ciment de 433 livres (196 kg). On raconte qu'il pouvait soulever avec son dos une plate-forme sur laquelle se tenaient 18 hommes, totalisant 4 327 livres (1963 kg). Il s'agirait de la plus grande charge jamais soulevée par un homme. Son exploit le plus célèbre, accompli devant une foule de 10 000 personnes, a été de retenir quatre chevaux en furie à l'aide de ses bras. Plusieurs de ses exploits sont encore aujourd'hui demeurés inégalés.

Cinq sportives de talent

Sans se faire prier, Marie-Louise enlève sa veste de laine et s'approche de l'attroupement. Elle observe les poids, se penche en avant et empoigne à deux mains les rebords du plateau. Sous le regard étonné des hommes qui l'encerclent, elle soulève la charge du premier coup, sans même grimacer !

Cinq sportives de talent

Aussitôt, tout le gymnase est transporté par des cris et des applaudissements ! Octave, le fier-à-bras, est abasourdi. Henri, qui observait la scène en silence du fond de la salle, accourt féliciter sa femme avec fierté.

La nouvelle de cet exploit prodigieux fait le tour de la municipalité. Le lendemain soir, il y a foule au gymnase pour assister au renouvellement du tour de force de Marie-Louise. Cette fois, elle ose même ajouter quelques poids de plus à la charge pour un total de 474 livres (215 kg). Comme la veille, elle hisse le plateau sans mal.

– Marie-Louise, s'écrie Henri, je crois qu'il est temps pour toi de commencer une nouvelle carrière !

À partir de ce moment, la vie de Marie-Louise prend un nouveau tournant. D'abord, elle s'exerce à lever des poids, un peu plus lourds chaque jour. Henri lui enseigne des techniques pour maximiser sa puissance, plier les genoux, respirer profondément.

Lorsqu'elle se concentre, Marie-Louise va chercher au-dedans d'elle cette force qui la rend si fière. Et surtout, elle prouve à tous qu'une femme peut être plus forte qu'un homme !

Cinq sportives de talent

Henri organise un premier spectacle dans le village voisin. À deux, ils forment une belle équipe. Henri tente de renouveler un de ses exploits encore jamais égalé : lever et jeter 105 livres (48 kg), quatorze fois de suite. Marie-Louise, elle, provoque l'étonnement. Pour bien des gens, c'est la première fois qu'ils voient une femme forte. Les deux époux récoltent une petite somme d'argent, ce qui leur permet d'acheter une charrette et un cheval. Puis Marie-Louise quitte son emploi à l'usine. Les voilà partis pour la grande aventure ! Leur charrette est remplie d'haltères, de chaînes et de poids de toutes sortes. Ils sont accueillis dans les villages, où on organise des soirées de démonstration de force. Parfois, le cirque ambulant est de passage. Ils se joignent alors aux jongleurs et aux acrobates et suscitent l'admiration des spectateurs.

À cette époque, les concours de force sont populaires. Certains hommes forts veulent à tout prix impressionner l'assistance. Ils faussent parfois le véritable poids des charges. Ils indiquent 100 livres sur leurs haltères en fonte, alors qu'ils n'en pèsent

Cinq sportives de talent

véritablement que les deux tiers. D'autres truquent les balances qui servent à peser les poids devant l'assistance. Mais Marie-Louise veut montrer qu'elle n'est pas une tricheuse. À chaque représentation, elle invite un spectateur à monter sur scène pour tester tous les poids qui serviront à son spectacle. Elle utilise aussi des charges que tout le monde connaît, par exemple des fers à cheval qu'elle tord,

Cinq sportives de talent

une chaîne de métal qu'elle réduit en morceaux. Un soir, elle soulève quatre hommes à la fois, assis sur une poutre. Ses tours font sensation.

La réputation de Marie-Louise Sirois se répand dans les villages voisins. Partout où elle passe, elle ne laisse personne indifférent. Elle fait régulièrement la manchette des journaux. Plusieurs femmes

Cinq sportives de talent

viennent à sa rencontre à la fin de ses spectacles. Certaines la remercient, les larmes aux yeux.

— Merci madame Cloutier ! Vous êtes la preuve que les femmes aussi peuvent accomplir de grandes choses. Votre force est une source d'inspiration.

Entre les spectacles et les voyages, Marie-Louise donne naissance à deux belles filles, Dora et Doria. Puis la nouvelle famille décide de retourner au Québec. Elle s'installe à Roxton Pond, en Estrie, en 1889.

Un jour, Marie-Louise reçoit un télégramme d'Hector Décarie. Cet homme fort bien connu organise des spectacles de cirque dans lesquels on présente des tours de force. Il lui propose de partir en tournée à travers plusieurs grandes villes du Québec, de l'Ontario et des États-Unis. Marie-Louise accepte, mais elle insiste pour faire cette tournée en famille, avec son mari et ses deux filles. Plus Marie-Louise s'entraîne, plus sa force grandit. Elle lance des défis aux spectateurs qui assistent à ses prestations et même à des hommes forts célèbres.

Parfois même, ses filles l'accompagnent sur scène. Dora a clairement hérité de la force de ses

parents. À 10 ans, elle lève d'énormes haltères. Elle étonne bien des hommes, parce qu'en plus d'être forte, elle est très jolie !

En 1899, un grand événement se prépare : Marie-Louise lance un défi à Flossie Lablanche, celle qui prétend être la femme la plus forte du monde. Marie-Louise est déterminée, il n'est pas question que cette femme lui vole son titre. Une rencontre est prévue le 16 novembre au Parc Sohmer à Montréal.

Cinq sportives de talent

Le Parc Sohmer

Tous les dimanches, il y a foule dans ce grand parc de l'est de Montréal. C'est l'endroit par excellence pour se divertir. On y trouve un jardin zoologique et un grand carrousel. Des familles pique-niquent au son de la musique, en plein air. Les dames se pavanent dans leurs nouvelles tenues à la mode. Des kiosques offrent des rafraîchissements, de la bière et des cigares. En soirée, on y présente des concerts, des prestations de magiciens et même des feux d'artifice.

Cinq sportives de talent

Le soir du match, une grande foule se précipite devant les portes grillagées tout illuminées. Marie-Louise est en grande forme. Elle sait qu'elle peut triompher devant Flossie Lablanche, même si celle-ci revient d'une tournée à travers l'Europe. À Berlin, Vienne, Londres et Paris, elle a vaincu toutes les femmes fortes les plus en vogue et bien des hommes aussi.

Le duel commence. Chacune son tour, les deux femmes s'exécutent sous le regard attentif des juges.

Cinq sportives de talent

D'abord, Marie-Louise et Flossie hissent d'une seule main au-dessus de leur tête, un poids de 77 livres (35 kg), puis un poids de 91 livres (41 kg) soutenu par une barre de fer. Ensuite, c'est une charge de 353 livres (160 kg) qu'elles arrivent sans mal à soulever de terre à la hauteur du genou. Au bout du sixième tour, il est minuit. Marie-Louise s'apprête à exécuter le soulevé à la Jefferson, sa spécialité. Il s'agit de lever, au moyen de chaînes, des poids qui reposent sur une longue barre de fer. Son record est de 1 225 livres (555 kg) ; elle est très confiante.

Soulevé à la « Jefferson »

Soulevé à la « Kennedy »

Cinq sportives de talent

Elle débute avec 629 livres (285 kg) et réussit facilement. Vient le tour de Flossie. Celle-ci balance légèrement la charge et parvient à lever les poids. On applaudit très fort dans son camp. Mais Marie-Louise s'objecte et fait signe à l'arbitre.

— Non, non, vous devez refuser cet essai. Madame Lablanche n'a pas le droit de faire bouger la charge. Cette méthode est trompeuse et bien plus facile.

— Attendez, madame Cloutier, nous devons délibérer.

Les arbitres se réunissent derrière la scène et font patienter les spectateurs. Un grand brouhaha règne dans la salle. Finalement, au bout de vingt longues minutes, l'arbitre en chef revient sur scène et annonce que le lever de madame Lablanche est accepté.

Dans la foule, on entend des cris de protestation.

Furieuse, Marie-Louise s'écrie :

— Dans ce cas, je ne continue plus. Ce duel est terminé.

L'arbitre lève le bras et s'exclame :

Cinq sportives de talent

— Je déclare madame Flossie Lablanche la championne de la soirée. Elle remporte le titre !

Un grand désordre règne dans la salle. Soudain, un murmure prend naissance et s'intensifie.

— Marie-Louise, Marie-Louise, Marie-Louise, scandent les voix en colère.

Le public acclame Marie-Louise à grands cris. Tout le monde sait que c'est elle la plus forte. Marie-Louise regrette quelque peu de céder son titre de championne, mais elle a pris la bonne décision en dénonçant la tricherie. Elle ne peut pas supporter la malhonnêteté.

Cet épisode ne décourage pas Marie-Louise, bien au contraire. Elle connaît la force qui l'habite et elle n'a pas peur d'affronter les femmes et même les hommes les plus forts. En 1901, elle ne s'est jamais sentie aussi puissante. Brown Shay, un haltérophile de Québec, accepte de relever le défi qu'elle lui lance. Sur la scène du Grand Café national, l'arrivée des deux concurrents fait sensation. Marie-Louise soulève le premier poids de 454 livres (206 kg). Le puissant homme noir doit se reprendre par trois fois et arrive, finalement, à lever 419 livres (190 kg). Marie-Louise a une large avance et se sent très confiante. Brown Shay s'assoit et essaie de se concentrer. Marie-Louise s'installe sur scène et soulève à deux mains une énorme charge de 864 livres (392 kg). Toute l'assistance est émerveillée par sa force prodigieuse. L'haltérophile n'a pas le choix de lui concéder la victoire.

Marie-Louise poursuit ses tournées. Elle est en demande partout jusqu'à l'âge de 50 ans. Sa force suscite à la fois la curiosité et l'admiration de tous.

Elle décède le 18 janvier 1920 à 53 ans.

RÉFÉRENCES
Livres
Athlètes canadiens-français. Recueil des exploits de force, d'endurance, d'agilité, des athlètes et des sportsmen de notre race, depuis le XVIIIe siècle, Édouard-Zotique Massicotte, Montréal, Librairie Beauchemin, 1909, p. 209-215.
Site internet
Société d'histoire de la Haute-Yamaska, La femme la plus forte du monde, Johanne Rochon, 25 juillet 2013.
http://www.shhy.info/culture/la-femme-la-plus-forte-du-monde

Cinq sportives de talent

Marie-Louise Cloutier, ses deux filles Dora et Doria, leurs conjoints et Henri Cloutier. (Coll. Léo Cloutier, Société d'histoire de la Haute-Yamaska)

> Note : Le parcours de Marie-Louise Sirois est très peu connu et très peu documenté. On ne sait même pas précisément comment elle se nommait. Marie-Louise, Marie-Arthémise ou Marie-Marguerite? La plupart des articles de journaux qui ont parlé de ses exploits la nommaient madame Henri Cloutier.

MYRTLE COOK
(1902 - 1985)

Enfin, elles courent aux Olympiques !

Il est 5 heures du matin. Myrtle Cook suspend une serviette blanche à sa fenêtre et attend. Sa voisine et complice d'entraînement, Ethel Smith, arrive justement pour la rejoindre. Leur méthode de rendez-vous fonctionne à merveille.

Deux ou trois fois par semaine, avant d'aller travailler comme secrétaire dans un bureau d'avocat, Myrtle s'entraîne à la course, parfois seule, parfois avec son amie Ethel. Ce matin-là, il pleut sur les rues de Toronto. Elles entendent le camion de livraison du lait au bout de la rue. D'un clin d'oeil entendu, les deux coureuses se cachent derrière un buisson et juste au moment où le camion les dépasse, elles se précipitent derrière et montent sur le marchepied. Les voilà en route pour leur petit circuit secret. Arrivées à destination, quelques kilomètres plus loin, elles sautent sur le bitume et les voilà parties à la course. Durant une bonne heure, elles zigzaguent à travers le parc Kew ou se rendent jusqu'à la piste de course de Woodbine.

Cheveux au vent, malgré le froid, elles rigolent. Elles adorent courir. Elles viennent d'apprendre que,

Cinq sportives de talent

l'année prochaine, les Jeux olympiques d'Amsterdam de 1928 accueilleront pour la première fois des femmes en athlétisme. Elles rêvent d'y participer. Myrtle a 25 ans. Elle sait qu'elle doit s'entraîner encore plus fort pour se classer parmi les meilleures.

Myrtle est déjà en bonne position. Le mois dernier, elle a battu le record canadien au 100 mètres. Soit 12,5 secondes !

Depuis qu'elle est toute jeune, Myrtle aime bouger. Elle a de la chance : Riverdale, l'école secondaire qu'elle fréquente, est l'une des rares institutions de Toronto à offrir une multitude de sports aux jeunes filles. Myrtle les essaie tous : le tennis, le hockey, le basketball, le cyclisme. Au sprint, elle se fait remarquer, car c'est elle la plus rapide de l'école. À 11 ans, 12 ans et 14 ans, elle remporte le ruban de la première place lors des compétitions sportives annuelles qui se déroulent sur les vastes terrains extérieurs.

Cinq sportives de talent

Durant l'hiver, elle s'inscrit au club de hockey pour filles et, l'été, elle joue au baseball. Bien que ces sports deviennent de plus en plus populaires chez les filles, les pratiquer n'est pas encore très bien vu dans toutes les familles.

Un jour, sa mère l'accompagne pour une visite médicale. Quand le médecin apprend qu'elle fait du sport, il la met en garde.
— Courir et sauter n'est pas bon pour le corps des femmes, dit-il sévèrement. Cela peut t'empêcher d'avoir des enfants plus tard. Aussi, je ne suis pas certain que les garçons te trouveront très attirante… tu pourrais te retrouver seule et sans mari.
Myrtle et sa mère se regardent en silence. En sortant du cabinet, elles pouffent de rire. Myrtle sait que ses parents la soutiennent dans ses goûts pour le sport. Ils savent bien que Myrtle n'a pas pour objectif de devenir une épouse et une mère au foyer : elle a d'autres projets en tête et le sport en fait partie. Malgré tout, les commentaires du médecin ont mis la mère et sa fille un peu mal à l'aise. Et s'il avait raison ?

Cinq sportives de talent

Mais ces recommandations ne sont pas suffisantes pour empêcher Myrtle de courir. Lorsqu'elle court, elle se sent bien. De tous les sports, c'est le sprint qu'elle préfère. Elle a la sensation que ses muscles peuvent la propulser n'importe où, sans la contrainte d'un ballon ou d'un bâton de hockey.

L'école secondaire terminée, Myrtle n'a plus l'occasion de participer à des compétitions. Les clubs d'athlétisme n'acceptent que des garçons. Myrtle continue de courir tous les jours par plaisir. Puis, à l'été 1923, une opportunité se présente. Pour la première fois, des femmes sont invitées à participer aux épreuves d'athlétisme lors de l'Exposition nationale canadienne à Toronto. Myrtle a bien envie de tenter sa chance. Avec son amie Ethel, elle se présente au club d'athlétisme du YMCA[1], où seuls les garçons sont admis. Elles convainquent l'entraîneur, Ed Percy, de leur permettre de se joindre aux autres athlètes. Il accepte de leur donner quelques conseils.

---

1. Le YMCA (Young Men's Christian Association) est un centre sportif. On en trouve dans plusieurs villes canadiennes.

Cinq sportives de talent

— Servez-vous de vos bras, les filles ! Faites-les rouler comme une pompe, cela vous donnera plus de force.

Le jour de la compétition, quatre-vingt-dix filles participent à la course de 100 mètres devant une foule de 15 000 personnes. Parmi les Canadiennes, une équipe d'Américaines de Chicago sont invitées. Vêtues de shorts très courts, de maillots brillants et de chaussures munies de pointes, elles sont clairement les plus performantes. À leurs côtés, les filles de Toronto ont l'air de vraies campagnardes ! Myrtle et son amie ont passé l'après-midi à fouiner dans les boutiques pour trouver des vêtements adaptés.

Cinq sportives de talent

Myrtle décide finalement d'enfiler des bermudas de coton, les longs bas de son père et la tenue de baseball de son cousin.

— Tant pis ! Si on n'a pas de véritable uniforme de course, misons sur nos jambes et notre ardeur !

Encouragées par la foule, ce sont deux Canadiennes qui arrivent en première et deuxième place : Fanny Rosenfeld et Rosa Grosse. Myrtle se qualifie en quatrième place, derrière une Américaine. Ethel arrive en sixième place. Puis, à la surprise générale, les Canadiennes remportent le relais 4 X 100 mètres devant les filles de Chicago.

Le lendemain, elles font la première page des journaux. L'entraîneur de l'équipe olympique masculine, Walter Knox, est impressionné. Il voit l'énorme potentiel des coureuses canadiennes. Il décide de les aider à devenir de meilleures sprinteuses. Durant quelques mois, Myrtle, Fanny, Rosa, Grace et Ethel se rejoignent trois fois par semaine à l'aréna du quartier, le seul endroit disponible.

Entre 1923 et 1927, elles participent à des compétitions jusqu'à New York, Chicago et Londres.

Cinq sportives de talent

Les sprinteuses canadiennes commencent à se faire connaître. Plusieurs jeunes filles veulent courir et s'entraîner avec elles. Myrtle improvise un programme d'entraînement pour les aider, mais elle se désole de voir que les filles n'ont pas accès à des entraîneurs qualifiés. Elle frappe aux portes des voisins de son quartier et rencontre le maire de la ville pour amasser de l'argent. Elle parvient à trouver un gymnase disponible et crée un club d'athlétisme pour filles seulement : le Club d'athlétisme féminin de Toronto. C'est le premier dans tout le Canada.

Le 2 juillet 1928, c'est un jour décisif pour Myrtle. Elle se présente à Halifax pour les qualifications aux Jeux olympiques. Sur la ligne de départ, nerveuse, elle sautille pour se dégourdir les jambes. Quelque chose la dérange sous son talon. Elle sourit. Comme à chaque compétition, sa mère lui a glissé un petit billet dans l'une de ses chaussures :

Cinq sportives de talent

« Elles sont moins rapides que toi, Myrtle, fonce ! ».
Tout de suite, elle revient à la réalité.

— À vos marques !

Myrtle sent des papillons qui s'agitent dans son estomac. Les deux pieds bien plantés dans les trous creusés à même le sol, elle se concentre sur le fil d'arrivée, 100 mètres plus loin.

— Prêts !

Myrtle inspire profondément. Elle pense à sa dernière course, celle où elle a battu son record. Dans quelques secondes, tout sera décidé.

Cinq sportives de talent

— Pow ! Le pistolet retentit.

Son départ est parfait. La tête en avant, les bras levés bien haut, elle se concentre sur le son des chaussures à pointes qui martèlent la piste. Elle est seule devant et franchit la première le fil d'arrivée.

Aussitôt, une clameur retentit dans le stade d'Halifax. Un nouveau record du monde : 12 secondes ! Myrtle saute de joie. Non seulement elle confirme sa rapidité, mais elle mérite une place dans la première équipe de femmes canadiennes pour les Jeux olympiques. Comble de bonheur, son amie Ethel aussi. Six Canadiennes sont sélectionnées pour les Jeux olympiques d'Amsterdam.

Dès lors, les événements se bousculent. Le 10 juillet 1928, l'équipe de sportifs canadiens en athlétisme, natation, rame et lutte, saluent de la main les 500 personnes venues leur souhaiter bonne chance à la gare de Toronto. C'est dans une grande fébrilité qu'ils partent pour un long voyage d'une semaine en train, puis sur un immense paquebot jusqu'en Europe.

Myrtle est impressionnée à son arrivée aux Jeux olympiques. Elle est ravie de pouvoir s'entraîner dans

Cinq sportives de talent

les installations sportives modernes et aussi de côtoyer autant d'athlètes de tous les pays. Les nouvelles équipes féminines d'athlétisme, provenant de vingt et un pays, provoquent tout un émoi. Les journalistes se bousculent pour les interviewer.

Cinq sportives de talent

Le succès de Myrtle au 100 mètres, elle le doit en grande partie à ses départs très rapides. Quelques centièmes de seconde après le coup de pistolet, elle s'est déjà envolée, ce qui lui donne une certaine avance. Mais l'euphorie des Olympiques rend Myrtle nerveuse. Elle sait qu'elle peut dépasser bien des concurrentes, mais elle a du mal à se concentrer. Au moment du départ du 100 mètres, Myrtle se place sur la ligne. Au tir du pistolet, voilà qu'elle s'élance un peu trop tôt.

— Faux départ !

On lui accorde un deuxième essai. Hélas, Myrtle décolle encore quelques dixièmes de seconde trop vite.

— Deuxième faux départ ! Disqualifiée !

C'est la consternation dans l'équipe. Myrtle est inconsolable. Elle s'enfuit dans sa chambre et s'y cache le reste de la journée pour pleurer.

Pendant ce temps, ses coéquipières Fanny et Ethel remportent les médailles d'argent et de bronze.

Après la finale, les filles rejoignent Myrtle et tentent de la consoler.

Cinq sportives de talent

— Nous avons une chance de nous reprendre, Myrtle, il reste le relais 4 x 100 mètres ! Nous avons besoin de toi, tu es la plus rapide. C'est toi qui terminera le relais.

Myrtle se ressaisit. Elle ne peut pas laisser tomber son équipe. Elle se remet à courir et cela lui fait du bien. Quand elle court, ses idées sont plus claires. Elle se remémore les techniques qu'elles ont pratiquées avant d'arriver à Amsterdam, pour attraper le témoin, le passer à l'autre coureuse à vitesse maximale.

En ce septième jour des Olympiques, le 4 août 1928, il pleut et il vente sur la piste, mais une foule nombreuse s'impatiente dans les gradins. Le départ est donné, les concurrentes de chaque équipe s'élancent chacune dans son couloir. Les Canadiennes prennent une large avance. Quand vient le tour de Myrtle, elle attrape le témoin de justesse et précède les autres équipes par près de cinq mètres. Myrtle redouble d'ardeur et termine la course en tête. C'est la victoire des Canadiennes devant les États-Unis et l'Allemagne avec un nouveau record : 48,4 secondes. Les

Cinq sportives de talent

Des filles aux Olympiques ? Pas question !

C'est ce qu'affirmait haut et fort le baron Pierre de Coubertin, le fondateur des Jeux olympiques modernes. Ces premiers Jeux ont eu lieu à Athènes en 1896. Ils étaient organisés sur le modèle des jeux disputés dans l'Antiquité (776 avant J-C) et seuls des hommes y participaient.

Les Jeux de Paris, en 1900, accueillent pour la première fois des femmes au tennis, au croquet, au golf, à la voile et en équitation. En 1912, des femmes participent au programme de natation à Stockholm, en Suède. C'est à Amsterdam, en 1928, que les spectateurs peuvent voir pour la première fois des femmes participer aux épreuves d'athlétisme et de gymnastique. Avec l'introduction de la boxe féminine, c'est aux Jeux de Londres, en 2012, que les femmes participent à tous les sports au programme.

Départ de l'équipe de filles à la gare de Toronto, le 10 juillet 1928

filles débordent de joie. Myrtle est soulagée, elle s'est en quelque sorte rachetée pour son faux départ.

À leur retour au Canada, l'équipe féminine de relais est acclamée. Une foule de 200 000 personnes les attend à la gare ferroviaire de Toronto. On organise un défilé dans les rues pour féliciter les championnes pour leurs exploits olympiques. Elles sont fières d'avoir persévéré.

Après ces honneurs, Myrtle continue de participer à plusieurs compétitions de 60 et de 100 mètres, durant trois ans, avec beaucoup de succès. Elle continue d'entraîner de jeunes coureuses au sein du Club d'athlétisme féminin de Toronto.

Puis elle se retire de la compétition et déménage à Montréal. Le journal *Montreal Daily Star* l'engage pour écrire chaque semaine un article sur le sport féminin. Elle couvre de nombreux événements comme les tournois de hockey féminin et les Jeux olympiques. Elle met en valeur les athlè-

Cinq sportives de talent

tes féminines et raconte leurs exploits. Elle met dorénavant son talent et son énergie à aider les femmes à organiser des clubs sportifs, comme la Ligue majeure de balle-molle féminine de Montréal, la Ligue majeure de hockey féminin de Montréal et la branche québécoise du Club canadien d'athlétisme féminin.

Myrtle Cook sera journaliste durant 44 ans et continuera de courir parce qu'elle adore ce sport.

RÉFÉRENCES

Livres
The Matchless Six, The story of Canada's First Women's Olympic Team, Ron Hotchkiss, Tundra Books, Toronto, 2006, 196 p.

Sites internet
Encyclopédie canadienne
Myrtle Cook
http://www.thecanadianencyclopedia.ca/fr/article/myrtle-cook-mcgowan/

SHARON FIRTH
(1953 -)
SHIRLEY FIRTH
(1953 - 2013)

Skieuses du Grand Nord

Shirley et Sharon sont inséparables. Ce matin, les deux soeurs jumelles, âgées de 6 ans, décident d'explorer les alentours d'Inuvik. Elles viennent de déménager dans ce village tout neuf des Territoires du Nord-Ouest. Ce village à peine construit, le gouvernement du Canada y a installé une centaine de familles en provenance d'Aklavik.

Toute la famille Firth, c'est-à-dire les parents, les sept filles et les cinq garçons, a dû quitter leur grande maison en bois rond, car il y avait des risques d'inondation dans le village. Ils s'installent à 60 kilomètres de l'autre côté du fleuve Mackenzie. La nature environnante ne les dépayse pas trop. La toundra s'étend à perte de vue autour du village.

Chez les Firth, on ne s'ennuie pas. Comme la maison est toujours trop petite pour cette famille nombreuse, les enfants passent leur temps dehors. Il y a aussi beaucoup à faire dans une journée pour nourrir une famille de douze enfants ! Tout le monde doit apporter sa contribution. Steven, le père, et les deux fils aînés sont souvent partis chasser le caribou. Pour les filles et les plus jeunes garçons, la

Cinq sportives de talent

journée commence à 4 heures du matin. Avant de partir pour l'école, ils doivent vérifier les collets tendus pour piéger des lièvres.

Sharon et Shirley sont toujours les premières à filer à toute allure dans la forêt. Elles aiment être en compétition l'une contre l'autre. Elles s'amusent à qui sera la première à poser un piège dans les meilleurs secteurs de trappe.

Leur mère, Fanny Rose, leur a enseigné à identifier les traces des animaux dans la neige et leur a appris les méthodes de trappe à la façon des Amérindiens Gwich'in. Les enfants vont aussi à la pêche au corégone. L'été, c'est la saison pour cueillir de petits fruits comme les bleuets et les chicoutés ou des plantes comme le thé du Labrador et le gingembre sauvage.

Le peuple du caribou

Les Amérindiens Gwich'in (ou Kutchin) vivent au nord du cercle polaire. Leur nom signifie « peuple de la terre ». Le caribou est un animal très important au sein de leur culture. Traditionnellement, les chasseurs suivaient la migration des troupeaux de caribous pour s'alimenter. Leurs outils et leurs vêtements (manteaux, bottes, chapeaux) étaient fabriqués à partir des os et des peaux de caribous. Aujourd'hui, les Gwinch'in habitent dans une quinzaine de villages répartis en Alaska, au Yukon et dans les Territoires du Nord-Ouest. Bien qu'ils aient adopté un mode de vie moderne, la chasse et la pêche font encore partie de leur quotidien.

Cinq sportives de talent

Shirley et Sharon ont 13 ans. Un jour, le père Jean-Marie Mouchet se présente à leur école secondaire. Ce prêtre missionnaire est convaincu que les jeunes filles et les garçons du Grand Nord ont une santé exceptionnelle.

— Au sud, dans les grandes villes comme Montréal ou Vancouver, les jeunes n'ont pas la chance d'être élevés en plein air comme vous. Ils sont moins habitués au froid, ils font moins de sport et deviennent de plus en plus sédentaires. Vous êtes tous plus en forme qu'eux !

— Oui, mais eux, ils ont la télévision ! Quelle chance ! dit Marka, une élève.

— Je suis venu vous rencontrer ce matin, car je démarre une équipe de ski de fond. N'avez-vous pas envie de devenir les meilleurs skieurs du Canada ? Je vous parie que si vous êtes motivés à faire du sport, vous aurez confiance en vous et vous réussirez tout ce que vous entreprendrez !

À la sortie des classes, plusieurs jeunes se regroupent.

— Moi j'embarque, dit Sharon.

Cinq sportives de talent

— Moi aussi, c'est certain, dit Shirley. Espérons que les parents seront d'accord. Ça nous évitera peut-être une corvée de vaisselle de temps en temps !

En janvier 1967, une douzaine de jeunes commencent le programme expérimental de ski de fond. On leur fournit tout l'équipement nécessaire. Leur entraîneur, Bjorger Petterson, est un Norvégien habitué aux grands froids. L'avantage d'habiter le Grand Nord, pour des skieurs, c'est que la neige arrive dès le début du mois de novembre. Par contre, durant l'hiver, au nord du cercle polaire, il fait noir presque tout le temps. Le soleil fournit à peine quelques heures de clarté par jour. L'équipe de ski de fond sillonne donc la toundra dans l'obscurité. Seul l'entraîneur ouvre la piste avec sa lampe frontale.

— Aïe, gémit Shirley, j'ai les doigts gelés, ça fait mal !

Qui a inventé les skis de fond ?

Les Norvégiens et les Suédois revendiquent tous les deux l'invention des premiers skis de fond. Chose certaine, les skis ont été créés dans les pays scandinaves pour franchir les montagnes et les grandes étendues gelées. On y a découvert des restes de skis et de bâtons en bois, de même que des dessins gravés dans la pierre représentant un homme sur des skis, datant de plus de 4 000 ans. Dérivés de la luge et sculptés dans des billots de bois, les skis étaient chaussés comme des sabots. Ils servaient de moyen de transport pour se déplacer et pour chasser. Dans les années 1700, ils ont contribué au succès militaire des soldats qui combattaient dans les plaines enneigées. Ce n'est que vers 1880 que le ski est devenu un loisir et un sport.

Cinq sportives de talent

— Normal, il fait - 40°C ... Arrête de te plaindre, souffle Sharon, c'est mieux que d'être encore assignées à la corvée de couture.

— Tu as raison. De toute façon, on se serait acharnées avec les aiguilles et les peaux de caribous. Il va falloir rattraper le temps perdu pour terminer les costumes traditionnels pour la fête du village le mois prochain.

— Hier, Bjorger m'a dit que si nous nous améliorons, nous pourrons participer à une compétition en Alaska.

— C'est vrai ? Oh ! J'aimerais tant voyager ! soupire Sharon. Penses-tu qu'un jour nous pourrons aller voir à quoi ressemble le monde ailleurs que dans le Nord ?

— J'en rêve ! ajoute Shirley, les yeux au ciel.

Après à peine quelques semaines d'entraînement, les jeunes skieurs d'Inuvik participent à une compétition en Alaska. Ils prennent l'avion pour la première fois ! Sharon et Shirley sont très excitées. Elles atterrissent à Anchorage, une vraie ville, avec des lampadaires éclairant les rues et des ascen-

seurs dans les édifices. Les deux soeurs sont émerveillées et enchantées de faire connaissance avec un monde différent du leur.

En arrivant sur le site de la compétition, les jumelles croisent l'équipe des skieuses américaines. Ce sont les favorites et elles le savent bien.

Le départ est donné. Sur une distance de cinq kilomètres à travers les bois, Sharon et Shirley se tiennent le plus près possible l'une de l'autre. Elles poussent fort dans les côtes et se concentrent pour garder leur rythme et leur vitesse. Dans la dernière montée, Shirley dépasse la meneuse américaine et se retrouve en première place. Sharon a les poumons qui brûlent à cause du froid et les jambes en compote. Épuisée, elle arrive en troisième place, à peine vingt-cinq secondes derrière l'Américaine.

—Shirley ! Sharon ! Je vous félicite ! s'écrie leur entraîneur en les serrant dans ses bras au fil d'arrivée. Très ému, il ne peut rien ajouter.

Les deux filles sont éberluées de leur succès. Lorsqu'elles reçoivent leur médaille, les skieuses américaines ne leur semblent plus aussi sûres d'elles-mêmes. Ces dernières doivent se dire qu'elles vont revoir encore les jumelles sur leur chemin.

Mais, c'est au retour à Inuvik qu'éclate leur plus grande joie. Tout le village les accueille bruyamment.

La première saison de ski prend fin tard au printemps. Mais, pour les adolescents de la nouvelle équipe sportive, pas question de prendre des vacances. La famille Firth part au camp de pêche, à plusieurs kilomètres du village. Là, on chasse, on pêche et on joue tous ensemble avec les cousins. Cet été, les jumelles ne se prélassent pas au soleil. Elles doivent s'entraîner au moins quatre heures par jour. Chaque matin, elles courent à travers les plaines dénudées avec leurs bâtons de ski. Il fait moins froid, mais elles doivent faire face à d'autres adversaires redoutables… les millions de moustiques qui infestent les vastes étendues humides de l'Arctique. Elles savourent cependant le soleil de minuit… À l'heure de se coucher, il fait clair comme en plein jour. Leur envie de voir le monde les motive à passer par-dessus ces obstacles.

Cinq sportives de talent

L'hiver suivant, elles participent à plusieurs compétitions au Canada. Elles se classent parmi les premières et se suivent toujours de près. Quand Shirley est fatiguée, le fait de voir sa soeur à quelques mètres devant elle lui donne l'énergie nécessaire pour la rejoindre. Quand c'est au tour de Sharon de manquer de souffle, Shirley lui crie de ne pas se décourager.

Un jour, Roger Allen, l'un des membres de l'équipe, leur propose une expédition.

—Je pars ce soir au camp d'Aklavik voir ma grand-mère. Je vais lui porter des vêtements chauds que ma mère lui a confectionnés pour passer l'hiver. Elle est toute seule et elle s'ennuie. Qui m'accompagne ?

—Tu es fou Roger ! s'exclame Roseanne, sa soeur. C'est plus de 60 kilomètres à parcourir à travers la forêt et les lacs. Et en plus, il faut franchir le fleuve Mackenzie et on ne sait pas encore s'il est complètement gelé.

—Moi, je t'accompagne, répond tout de suite Fred Kelly, son ami et complice d'entraînement.

Cinq sportives de talent

—Nous aussi, on y va, s'exclame Shirley, après avoir consulté sa jumelle. Je suis curieuse de revoir le village où nous sommes nées.

Les quatre skieurs les plus téméraires de l'équipe partent donc en pleine nuit, sac au dos. Il fait froid, mais la lune est resplendissante. Ils ont à peine besoin de leur lampe frontale. Comme la nuit est claire, ils se dirigent grâce aux étoiles. Ils rejoignent le camp d'Aklavik en moins de cinq heures.

Cinq sportives de talent

Surprise de se faire réveiller en pleine nuit, la vieille dame est heureuse de serrer son petit-fils contre son coeur. Aussitôt, elle leur fait chauffer un thé et leur donne quelques languettes de caribou séché.

Roger raconte à sa grand-mère les exploits de l'équipe de ski de fond au cours de la dernière année. Ils resteraient bien ainsi à bavarder, tous les quatre entassés dans la tente de la grand-mère. Hélas, il faut maintenant rentrer à Inuvik.

Les quatre skieurs sautent sur leurs skis et suivent leurs traces en sens inverse. Une neige fine tombe du ciel. Peu à peu, le vent se lève et leurs pistes disparaissent aux endroits découverts. La fatigue se fait sentir dans leurs jambes. Ils sont trempés de sueur. Impossible de s'arrêter, sinon ils vont geler sur place. L'entrain des premières heures cède la place au découragement. Par chance, Fred prend la tête du groupe. Les retrouvailles avec sa grand-mère lui ont donné un surplus d'énergie. Ils parviennent finalement à rejoindre Inuvik, épuisés, alors que le jour se lève.

Cinq sportives de talent

Cette petite expédition improvisée fait réaliser aux jumelles Firth que ce n'est pas tout d'être en forme physiquement, il faut aussi l'être mentalement.

En 1969, elles sont déclarées les meilleures skieuses de fond au Canada. Elles sont invitées à une importante compétition internationale à Oslo, en Norvège. Cette fois, leur plus grand défi n'est pas de battre les skieuses de talent, mais d'affronter la foule de 150 000 spectateurs. Pour ces filles du Grand Nord, habituées à la solitude dans la nature et à leur village d'à peine trois mille personnes, c'est tout un choc. Il leur faut beaucoup de concentration pour ignorer les cris de la foule et les milliers d'yeux qui observent leurs moindres gestes.

— Notre prochain objectif, ce sont les Jeux olympiques de Sapporo, au Japon, dit Bjorger en souriant.

Shirley et Sharon se regardent, les yeux brillants.

— Le Japon ! Wow, Nous allons tout faire pour y aller ! s'exclament-elles en chœur.

Tous les jours, les jumelles parcourent des dizaines de kilomètres sur leurs skis de fond, motivées

Cinq sportives de talent

par leur désir de voir le monde. Elles se qualifient toutes les deux pour faire partie de l'équipe olympique. Parmi les huit membres de l'équipe canadienne, six skieurs font partie du club d'Inuvik. C'est tout un exploit pour ces athlètes qui avaient si peu d'expérience.

Quelques mois avant les Jeux olympiques, Shirley contracte une hépatite. Gravement malade, elle doit être hospitalisée.

— Shirley, tu ne peux pas me laisser tomber, se plaint Sharon.

— Il faut que tu continues à t'entraîner comme si j'étais là, la rassure Shirley.

Durant trois longues semaines, les deux soeurs s'entraînent sans relâche chacune à sa façon. Elles se parlent tous les jours et s'accrochent à leur rêve de participer aux

Cinq sportives de talent

Jeux olympiques. Sharon skie en imaginant Shirley à ses côtés. Shirley, dans son lit d'hôpital, refuse de se laisser abattre par la maladie. Elle est convaincue qu'elle va guérir, puis sauter sur ses skis et dépasser toutes les concurrentes. Shirley guérit et sort finalement de l'hôpital juste à temps pour participer aux Olympiques. Hélas, elle est trop faible pour se classer parmi les meilleures.

Quant à Sharon, elle fait une excellente course. Elle atteint la 24e position et obtient la meilleure performance canadienne.

En 1975, Sharon et Shirley déménagent à Banff, dans les Rocheuses. Cet endroit exceptionnel leur permet de s'entraîner dans la neige presque toute l'année. Les routes étroites qui sillonnent les cols montagneux sont idéales pour faire l'essai de skis à roulettes. Elles se préparent en vue des Jeux olympiques d'Innsbruck en Autriche, en 1976. Pour payer tous les frais liés aux compétitions, elles travaillent dans les centres de ski. Elles ont la chance de côtoyer des athlètes de tous les pays. Elles apprennent l'art de farter les skis pour améliorer leur glisse.

Cinq sportives de talent

Les Olympiques, en Autriche, sont bien différents de ceux du Japon. Elles ont maintenant l'expérience de la compétition. Elles sont beaucoup moins stressées. Bien qu'elles ne gagnent pas de médaille,

elles aiment participer aux compétitions pour se dépasser. En équipe, elles courent pour l'épreuve du relais 4 x 5 kilomètres et se classent au 7e rang. C'est la meilleure performance canadienne en ski de fond, encore inégalée à ce jour.

Cinq sportives de talent

En 1979, les jumelles ont 27 ans. Elles s'entraînent toujours sans relâche, mais l'effort physique qu'elles doivent déployer est de plus en plus exigeant. Les autres athlètes de l'équipe sont toutes plus jeunes qu'elles. Un matin, elles apprennent avec tristesse que leur mère est décédée dans l'incendie d'une maison à Inuvik.

Que faire ?

—Nous devons retourner à Inuvik pour être auprès de notre famille, dit Sharon.

—J'aimerais tant aller consoler nos frères et soeurs, mais si nous y allons, il faut dire adieu aux prochains Olympiques de Lake Placid, aux États-Unis, se désole Shirley.

—Maman n'aurait pas voulu que nous abandonnions. Je suis certaine qu'elle nous aurait encouragées à poursuivre notre rêve jusqu'au bout.

C'est une décision difficile à prendre. Finalement, les deux soeurs choisissent de rester à Banff et de continuer leur entraînement. Elles participent à deux autres Jeux olympiques, ceux de Lake Placid, en 1980 et ceux de Sarajevo, en Yougoslavie, en 1984.

Cinq sportives de talent

Puis, à l'âge de 31 ans, Shirley et Sharon quittent le monde de la compétition. Cette fois, chacune emprunte un chemin différent. Shirley se marie et s'installe à Paris. Elle obtient un diplôme en enseignement et donne naissance à trois filles. Pendant plus de 20 ans, elle prononce des conférences à travers l'Europe sur la culture des Amérindiens et des Inuits. En 2005, Shirley s'ennuie de sa terre natale. Elle revient dans les Territoires du Nord-Ouest. Elle décède des suites d'un cancer en 2013, à l'âge de 59 ans.

En 1985, Sharon retourne dans les Territoires du Nord-Ouest et s'installe à Yellowknife. Elle se cherche un travail, mais elle constate que, malgré toutes ses médailles, il lui manque un véritable diplôme. En décidant de devenir une skieuse olympique, elle avait mis

Cinq sportives de talent

de côté ses études. Durant plusieurs mois, elle doit reprendre ses livres et terminer son cours secondaire. Finalement, elle décroche un emploi pour le gouvernement des Territoires du Nord-Ouest. Avec ardeur, elle met sur pied des programmes qui encouragent les jeunes autochtones à faire du sport. Encore aujourd'hui, son désir le plus cher est de faire connaître les joies du sport à tous les jeunes.

Références

Sites internet :
Encyclopédie canadienne
Shirley et Sharon Firth
http://www.thecanadianencyclopedia.ca/fr/article/shirley-and-sharon-firth/

Ski de fond Canada
Vidéo sur Sharon Firth (en anglais)
http://www.cccski.com/About/History/Our-Olympians/Northern-Gold-%E2%80%93-Sharon-Firth-video.aspx#.U4IJYoW2lt4

NADIA COMANECI
(1961 -)

L'étoile filante
de la gymnastique

— Nadia ! Arrête de sauter partout !

— Je ne peux pas maman, je suis trop impatiente. Est-ce que tu crois que papa va vouloir ?

À ces mots, le père de Nadia passe la porte et se laisse tomber sur le canapé, épuisé. Son travail de mécanicien l'occupe parfois jusqu'à très tard le soir et il doit marcher plus de dix kilomètres pour rentrer à la maison. Aussitôt, Nadia lui raconte ce qui l'excite tant.

— Papa, papa, aujourd'hui, un homme est venu nous rendre visite à l'école. Il a demandé qui était capable de faire la roue ! Comme je savais bien la faire, il m'a choisie pour faire partie du club de gymnastique. Oh, papa, est-ce que tu acceptes ? Oh, s'il te plaît papa !

— Nadia, tu parles bien trop vite ! dit Stefania, sa mère. Cet homme est Béla Karolyi, il veut fonder une école de gymnastique, ici à Onesti, explique-t-elle calmement. Ce sera une école de très haut niveau, financée par le gouvernement. Nadia devra s'entraîner six jours par semaine.

— Si ça peut lui faire dépenser son énergie, à notre petite flamme, c'est une très bonne idée ! dit son père en souriant. Mais attention, c'est l'école qui passe avant tout !

Nadia saute au cou de son père.

C'est ainsi que Nadia commence sa nouvelle vie de gymnaste. L'horaire est très strict. Tous les matins, elle va en classe, puis elle se rend au gymnase dans l'après-midi pour s'entraîner quatre heures par jour. Elle s'amuse bien avec les autres filles, mais quand vient le temps de s'entraîner, il ne faut pas trop rigoler. Béla Karolyi et sa femme Marta les ont choisies pour devenir des championnes. En plus de la gymnastique, elles doivent courir, sauter à la corde, faire des étirements et soulever des poids. Parfois, Nadia a des ampoules aux mains, tellement elle a tourné autour des barres. Ce qu'elle aime le mieux, c'est apprendre de nouveaux enchaînements. La gymnastique est un sport très technique, chaque mouvement doit être répété des centaines de fois jusqu'à ce qu'il soit parfait. Tous les appareils comptent : la poutre, les barres asymétriques, le cheval d'arçons et le sol.

Nadia n'a jamais peur de tomber. Parfois, ses coéquipières pleurent et hésitent à essayer de nou-

velles pirouettes. Nadia, elle, veut toujours aller plus loin, même si elle risque parfois de se tordre une cheville ou de tomber sur la tête.

Même si sa famille habite Onesti, Nadia doit suivre le même horaire que les autres gymnastes et dormir dans le centre d'entraînement. Au début, elle s'ennuie beaucoup de ses parents et de son petit frère

Cinq sportives de talent

Gymnastique

Gymnastique et gymnase sont dérivés du grec *gymnos* qui signifie nu. En effet, dans la Grèce antique, les athlètes, des hommes seulement, s'entraînaient complètement nus. Ils enduisaient leur corps d'huile et de sable fin, afin d'éviter la déshydratation. Dans le gymnase, les exercices d'échauffement et d'assouplissement servaient à se préparer aux épreuves d'athlétisme : la course, le saut, le lancer, la lutte, la course de chars, etc.

En Roumanie, la gymnastique est très importante, autant que le hockey au Québec. Beaucoup d'enfants la pratiquent dans les parcs et les écoles. Depuis de nombreuses années, les gymnastes roumaines remportent plusieurs honneurs dans les compétitions internationales. C'est un sport dont les Roumains sont très fiers.

Adrien. Mais elle sait qu'elle a une chance exceptionnelle de faire du sport tous les jours, en plus de recevoir gratuitement deux repas par jour. Le club de gymnastique devient presque sa deuxième famille

Autour des années 1970, le gouvernement roumain fonctionne sous le régime communiste. Les familles travaillent dur et ne sont pas riches. La nour-

Cinq sportives de talent

riture, les vêtements, le savon et le chauffage, tout est rationné. Chaque jour, les gens doivent faire la queue devant les magasins durant des heures pour obtenir du pain, de la viande, des oeufs ou du sucre pour la semaine. Personne n'a le droit de sortir du pays sans autorisation.

À 9 ans, Nadia et toute l'équipe de gymnastes participent à leur première compétition.

Cinq sportives de talent

— Les filles, c'est le moment de faire vos preuves, de montrer que notre école de gymnastique est la meilleure, recommande Béla. Intérieurement, il sait qu'il doit prouver au gouvernement que l'école de gymnastique d'Onesti vaut la peine d'être financée.

Nadia sent une énorme pression sur ses épaules. Vêtue de son maillot bleu de compétition, elle s'avance sur la poutre. Ses oreilles bourdonnent. Elle est incapable de se concentrer. Elle essaie d'ignorer la présence des juges, mais elle tombe à trois reprises. Quand elle a terminé, elle court se cacher sous une pile de matelas. Elle sait qu'elle a déçu son entraîneur. Elle respecte beaucoup Béla. Ce grand homme à moustaches lui fait confiance depuis le début, mais elle craint parfois ses réactions.

Lorsque Nadia a 10 ans, l'entraînement de gymnastique prend de plus en plus de place dans sa vie. Entre 6 heures et 8 heures du matin, elle doit maintenant faire des exercices et de la course au gymnase avant d'aller à l'école. Puis, après les heures de classe et les leçons, elle retourne s'entraîner jusqu'à 9 heures du soir. Tous les repas des gymnastes sont élaborés avec soin. Elles doivent manger beaucoup de fruits et de légumes, jamais de desserts sucrés ni de pain. Elles peuvent boire de l'eau après l'exercice, mais pas trop.

Béla vise la perfection. Il est dur et sévère, car il sait que Nadia est capable. Il lui fait recommencer ses mouvements encore et encore. Nadia se plaint très rarement. Quand elle se sent découragée, elle serre les dents et continue sans relâche. Béla lui fait confiance ; la plupart du temps, il laisse Nadia travailler seule en l'observant de loin.

Cinq sportives de talent

Une nouvelle gymnaste arrive au club. Elle est très douée. Tout de suite, Teodora et Nadia deviennent de bonnes amies. Elles s'encouragent et se donnent des conseils.

—Comment fais-tu Nadia pour réussir si bien ton salto arrière sans les mains à la poutre ? demande un jour Teodora.

—La seule façon, c'est de s'entraîner des milliers de fois. Béla m'a expliqué qu'à force de répéter, il se crée une poutre imaginaire dans notre cerveau. Même si on la perd de vue en tournant, il faut se faire confiance et nos pieds se placent tout seuls.

Elles partagent ensemble de nombreuses soirées, incapables de bouger tellement elles ont mal partout. Elles comptent les bleus sur leurs cuisses à force de se cogner sur les barres, sans trop penser à la faim qui les tenaille après l'entraînement.

À 13 ans, Nadia participe au championnat d'Europe, en Norvège. Elle remporte quatre médailles d'or. Pour la première fois, elle obtient une meilleure note que son idole, une gymnaste russe pleine de grâce nommée Ludmilla Tourischeva.

Cinq sportives de talent

Après cette performance, Nadia est choisie pour faire partie de l'équipe olympique. Nadia, Teodora et les autres gymnastes travaillent encore plus fort pour perfectionner leurs figures. Chaque petit détail compte.

À l'été 1976, l'équipe de gymnastes part pour les Jeux olympiques de Montréal. C'est la première fois que Nadia se rend en Amérique. En arrivant à Montréal, elle est très impressionnée. Il y a tant de monde dans le village olympique où logent les athlètes. Les installations sportives sont modernes, hyper surveillées et, en plus, tout est gratuit ! Elle se fait offrir des vêtements aux couleurs de son pays. Elle peut écouter des films et, pour la première fois, elle goûte à des boissons gazeuses, à de la pizza et à du beurre d'arachide ! Elle est fascinée de voir des boutiques pleines de jouets, de vêtements, et des épiceries qui regorgent d'aliments. Chez elle, les tablettes des magasins sont habituellement vides et on choisit les vêtements qui sont disponibles.

— Ce soir, les filles vous devez vous coucher très tôt, dit Béla, car la compétition commence

Cinq sportives de talent

demain, la première journée après la cérémonie d'ouverture.

— Mais, Béla, c'est tellement beau, je ne peux pas fermer l'oeil, gémit Nadia. Je ne veux rien manquer de ce qui se passe, tout est si extraordinaire ici !

Béla soupire.

— Tous ces objets sont inutiles. Ce ne sont que des tentations pour vous distraire.

18 juillet 1976. La première épreuve est la favorite de Nadia : les barres asymétriques. Depuis quelques années, les Russes dominent les compétitions de gymnastique. Mais Nadia ne se laisse pas impressionner par ces athlètes, toutes plus âgées et plus expérimentées qu'elle. Lorsque Nadia prend son envol dans son maillot blanc, on dirait un oiseau. On entend le crépitement des appareils photo. Dans le stade, les milliers de spectateurs sont silencieux, suspendus à sa performance. Puis on attend le verdict des juges durant de longues minutes. Soudain, le tableau de pointage s'illumine d'un 1.00. Un murmure parcourt la foule. 1 sur 10 ?

Cinq sportives de talent

C'est impossible que la note soit aussi basse. Puis on comprend. C'est la perfection ! Pour la première fois, dans l'histoire de la gymnastique, les juges ont accordé un score parfait ! Même le tableau électronique n'est pas conçu pour montrer un 10 sur 10 ! Nadia sourit, étonnée, et salue la foule en délire. Sa performance est retransmise dans tous les pays du monde ! Le lendemain, Nadia récolte six autres notes parfaites aux barres et à la poutre. L'équipe de Roumanie récolte la médaille d'or en gymnastique.

Nadia devient la plus jeune fille à remporter une médaille olympique et donc, instantanément, la vedette de ces Jeux. Des centaines de journalistes de tous les pays veulent l'interviewer.

Cinq sportives de talent

> **La fée de Montréal**
>
> Nadia Comaneci a marqué la gymnastique. Pour la première fois, aux Jeux olympiques de Montréal, en 1976, une gymnaste obtient la note 10, soit la perfection.
> Deux mouvements de gymnastique aux barres asymétriques portent aujourd'hui son nom. La sortie Comaneci est le mouvement final qu'elle a effectué lors des Jeux olympiques à Montréal et qui lui a valu une note parfaite. Le salto Comaneci est un saut périlleux, coté parmi les plus difficiles et les plus dangereux. Une petite erreur de la gymnaste peut provoquer une chute et une grave blessure. Encore aujourd'hui, seulement quelques gymnastes dans le monde sont capables de réussir ce mouvement.

Très vite, l'équipe de gymnastes rentre en Roumanie pour retrouver un peu de calme. Nadia rapporte des poupées, des toutous et une panoplie de souvenirs, mais surtout ses trois médailles d'or olympiques, une d'argent et l'autre de bronze. Quand elle arrive à l'aéroport de Bucarest, des milliers de personnes attendent l'équipe de gymnastes. Elles ont fait la fierté de leur pays. Même le président de

Cinq sportives de talent

la Roumanie organise une cérémonie officielle pour les féliciter tous, mais particulièrement Nadia.

Rapidement, après toutes ces célébrations, Nadia et ses compagnes reprennent l'entraînement. Elles doivent participer à d'autres compétitions internationales. Béla devient très exigeant. Devenue adolescente, Nadia a toujours le même désir de réussir, mais elle a parfois envie d'un peu de liberté. Son corps change. Elle veut sortir le soir pour rencontrer des garçons, manger ce dont elle a envie. Alors qu'elle a presque toujours écouté les conseils de Béla et de Marta, elle n'est plus toujours d'accord avec leurs méthodes rigides d'entraînement. Leur relation devient tendue.

Le gouvernement de Roumanie, dont elle a fait la fierté, la surveille de près. Nadia devient un exemple pour son peuple. Elle n'en a pas envie, mais elle n'a pas le choix. On l'encourage aussi à changer d'entraîneur. Elle déménage à Bucarest pour joindre le club Dinamo. Son nouvel entraîneur est moins sévère. Il la laisse gérer son horaire et ne surveille pas son alimentation. Nadia devient moins enthousiaste

et moins assidue à l'entraînement. Parfois, elle s'absente pour se promener en ville ou pour paresser dans sa chambre. Elle prend du poids, car elle se

Cinq sportives de talent

laisse tenter par toutes les douceurs dont elle a été privée durant son enfance. Hélas, elle n'arrive plus à être aussi performante et Béla n'est plus là pour veiller à la discipline. Elle se décourage.

Les Jeux olympiques de Moscou de 1980 approchent. Nadia sent qu'elle doit rattraper tous les efforts perdus si elle veut retrouver le bonheur de gagner. Elle décide de retourner voir Béla et Marta, qui acceptent de l'aider à retrouver sa forme en quelques semaines seulement.

— C'est trop dur ! souffle Nadia soumise à un entraînement intensif.

—Tu peux y arriver Nadia, tu le sais. Tu as tellement de talent, la rassure Marta.

Enfin, elle se présente aux épreuves des Jeux olympiques de Moscou. Le public qui l'a acclamée quatre ans plus tôt est étonné de voir la jeune femme qu'elle est devenue. Elle n'est plus la petite fille aux jolies couettes qu'on avait surnommée la fée de Montréal. Nadia réussit tout de même à impressionner les juges et les autres gymnastes grâce à son assurance. Elle obtient encore une fois une

Cinq sportives de talent

note parfaite à la poutre et aux barres asymétriques. Elle remporte deux médailles d'or.

Cinq sportives de talent

De retour en Roumanie, Nadia continue à s'entraîner durant quelque temps. Béla Karolyi et sa femme ont quitté le pays malgré les interdictions. Nadia décide de transmettre son expérience à d'autres jeunes gymnastes. Elle devient entraîneur pour l'équipe junior. Mais gagner sa vie en Roumanie demeure difficile, même pour elle qui est devenue un symbole pour son pays. Elle habite avec sa mère et son frère. Son maigre salaire suffit à peine à payer leur appartement et de quoi manger. Tous ses déplacements sont surveillés par le gouvernement, même ses conversations téléphoniques. Elle sent qu'elle n'a aucune liberté.

En novembre 1989, dans le plus grand secret, Nadia s'enfuit de Roumanie. Après une épuisante nuit de marche dans la forêt, craignant d'être suivie, Nadia parvient à traverser la frontière de la Hongrie. Avec l'aide de quelques personnes, elle arrive finalement en Amérique. Enfin, elle se sent libre !

Après un court séjour à Montréal, elle décide d'aller vivre aux États-Unis. Elle épouse Bart Conner, un gymnaste américain, lui aussi médaillé d'or olym-

Cinq sportives de talent

pique. Ensemble, ils fondent une école de gymnastique. Nadia soutient aussi l'école de gymnastique de sa ville natale, à Onesti. En 2006, Nadia devient la maman d'un petit garçon, Dylan Paul. Aujourd'hui, Nadia et Bart voyagent à travers le monde. Ils rencontrent des familles et des jeunes pour leur livrer la recette de leur bonheur : faire du sport et bien s'alimenter.

Cinq sportives de talent

**Dans un régime communiste,
tous les citoyens sont-ils vraiment égaux ?**

Lorsque Nadia était enfant, la Roumanie vivait sous le régime communiste. L'idéal était de créer une société dans laquelle tous les hommes étaient égaux. Tous les citoyens travaillaient pour mettre leurs biens en commun. C'est le gouvernement qui contrôlait tout et décidait comment distribuer la nourriture, les vêtements, les maisons. L'État était dominé par le parti et son président Nicolae Ceausescu. La police secrète surveillait tout le monde et il était interdit de quitter le pays sous peine de prison. Les Roumains avaient peu de liberté.

Aujourd'hui, seulement quelques pays sont communistes : la Chine, la Corée du Nord, Cuba, le Laos et le Viêt Nam.

Références

Livres :
Nadia, Benoît Aubin, éditions de l'Homme, 1976.
Nadia, Réjean Tremblay, éditions La Presse, 2006.
Letters to a Young Gymnast, Nadia Comaneci, Basic Books, 2004, 180 p.
La petite communiste qui ne souriait jamais, Lola Lafon, Actes Sud, 2014.

Sites internet :
Archives de Radio-Canada, une entrevue de Nadia Comaneci et Teodora Ungureanu après leur performance aux Jeux olympiques de Montréal en 1976.
http://archives.radio-canada.ca/sports/olympisme/clips/7630/
Le site de Nadia Comaneci et Bart Connor (en anglais)
http://www.bartandnadia.com/

Emmanuelle Bergeron

Lorsque j'étais jeune, j'ai fait de l'athlétisme. Ma discipline favorite était le 800 mètres. Courir vite, être capable de repousser ses limites et battre son propre record est une sensation merveilleuse.

Au début des années 1900, les médecins interdisaient aux jeunes filles de faire du sport. Ils prétendaient que c'était dangereux pour leur corps. Cela paraît tellement absurde aujourd'hui, alors qu'on encourage les jeunes à bouger tous les jours pour rester en santé. Étaient-ils certains de ce qu'ils affirmaient ou avaient-ils peur que les femmes soient meilleures que les hommes ? Chose certaine, cela n'a pas empêché des jeunes filles dégourdies d'ignorer les préjugés et de foncer pour faire ce qu'elles aimaient.

J'ai voulu tracer le portrait de ces sportives de talent pour qui forcer, courir, glisser et virevolter ont fait partie de leur vie. Si elles ont réussi, c'est qu'elles y trouvaient un réel plaisir, malgré des années de discipline et des choix parfois difficiles. Ces filles ont connu des parcours exceptionnels et elles sont devenues des modèles pour des milliers de femmes partout dans le monde.

Caroline Merola

Courir, skier, sauter, soulever des poids, dans des conditions qui n'étaient pas toujours idéales : vraiment, ces athlètes étaient formidables !

Moi qui ne suis pas sportive pour deux sous, je les admire beaucoup !

D'habitude, j'illustre des histoires inventées et fantaisistes. Ce livre a donc été pour moi une aventure très différente : j'ai dû me documenter sur les vêtements, les coiffures, les équipements sportifs aussi, qui n'ont cessé de changer au fil des décennies. C'était un travail très intéressant et parfois très drôle : les coupes de cheveux des années 70 m'ont bien fait rire !

Mais une chose m'a frappée : ces jeunes femmes, malgré les années qui nous séparent, sont très modernes. Elles sont persévérantes, courageuses, audacieuses. Elles se sont imposées dans leur discipline avec grâce et talent. Elles ont ouvert des portes et ont contribué à rendre les choses plus faciles pour les femmes.

Alors on n'a pas d'excuse, les filles; il faut continuer de s'imposer.

Avec grâce et talent.

Ce livre a été imprimé sur du papier Sylva enviro
100 % recyclé, traité sans chlore, accrédité Éco-Logo
et fait à partir d'énergie biogaz.

Achevé d'imprimer
au Québec
sur les presses de Marquis Imprimeur
en septembre 2016